ÉTUDES DE PHILOSOPHIE NATURELLE
N° 5

DE L'ORDRE ET DU MODE
DE
DÉCOMPOSITION DE LA LUMIÈRE
PAR LES PRISMES
NOUVELLES PREUVES A L'APPUI

PAR

J.-ÉMILE FILACHOU
Docteur ès-Lettres.

Intelligite, erudimini, qui judicatis terram. Ps. II, 10.
N'est-ce point de la réflexion que l'activité tire tous ses produits ?

MONTPELLIER
TYPOGRAPHIE ET LITHOGRAPHIE DE BOEHM ET FILS
PLACE DE L'OBSERVATOIRE
1872

En Vente chez SEGUIN, Libraire

rue Argenterie, 25, à Montpellier

OUVRAGES DU MÊME AUTEUR

Examen de la rationalité de la Doctrine Catholique. 1 vol. in-8°. 1849.

La clef de la Philosophie ou la vérité sur l'Être et le Devenir. 1 vol. in-8°. 1851.

Traité des Facultés. 1 vol. in-8°. 1859.

De Categoriis. Dissertatio philosophica. 1 vol. in-8°. 1859.

Principes fondamentaux de Philosophie mathématique. 1 vol. in-8°. 1860.

De la pluralité des mondes. 1 vol. in-12. 1861.

Traité des Actes, Sommaire de Métaphysique. 1 vol. in-12. 1862.

ÉTUDES DE PHILOSOPHIE NATURELLE.

N° 1. Système des trois règnes de la nature. 1 vol. in-12. 1864.

N° 2. Réponse directe à M. Renan, ou démonstration philosophique de l'incarnation. 1 vol. in-12. 1864.

N° 3. De l'expérience de Monge au double point de vue expérimental et rationnel. 1 vol. in-12. 1869 (3° édition)

N° 4. De l'ordre et du mode de décomposition de la lumière par les prismes. 1 vol. in-12. 1870.

SOUS-PRESSE :

N° 6. Sens et rationalité du dogme eucharistique. 1 vol. in-12.

Montpellier. — Typogr. BOEHM et FILS.

ÉTUDES DE PHILOSOPHIE NATURELLE

N° 5

DE L'ORDRE ET DU MODE

DE

DÉCOMPOSITION DE LA LUMIÈRE

PAR LES PRISMES

NOUVELLES PREUVES A L'APPUI

ÉTUDES DE PHILOSOPHIE NATURELLE
N° 5

DE L'ORDRE ET DU MODE
DE
DÉCOMPOSITION DE LA LUMIÈRE
PAR LES PRISMES
NOUVELLES PREUVES A L'APPUI

PAR

J.-ÉMILE FILACHOU
Docteur ès-Lettres.

Intelligite, erudimini, qui judicatis terram. Ps. II, 10.
N'est-ce point de la réflexion que l'activité tire tous ses produits ?

MONTPELLIER
TYPOGRAPHIE ET LITHOGRAPHIE DE BOEHM ET FILS
PLACE DE L'OBSERVATOIRE
1872

AVANT-PROPOS

Il vaut bien mieux, en science, aller sûrement qu'aller vite; car, ce qu'on y professe une fois doit demeurer toujours. Le fruit de la science est le plus lent de tous à mûrir, et rarement l'homme qui le cultive est celui qui le goûte. Il n'y a pas moins de mérite cependant à fonder ou développer une science qu'à la porter à la perfection.

Écrivant sur l'Optique, nous ne prétendons pas plus la fonder que la parfaire; nous aspirons seulement à l'honneur d'en débarrasser la théorie fondamentale d'hypothèses inutiles ou même nuisibles, et, dans ce but, nous nous efforçons surtout de l'organiser en signalant les données *expérimentales* ou *rationnelles* qui, bien constatées une fois, nous semblent devoir en faire partie dans tous les temps.

Comme nous revenons aujourd'hui sur un sujet déjà traité, nous ne voudrions pas qu'on nous crût, pour cela, dans l'impuissance absolue d'aller en avant et d'aborder d'autres matières. Mais, quoi qu'il en soit, on ne saurait nier qu'il n'importe pas moins, en bien des cas, de savoir se contenir que se presser. Avec des hommes déjà d'accord sur les prémisses, on peut arriver vite aux conclusions ; avec des hommes imbus de préjugés contraires, il faut nécessairement ralentir sa marche et même quelquefois s'arrêter. Notre présent écrit répond à l'un de ces moments d'arrêt que nous croyons de temps en temps inévitables, et qu'on doit savoir subir partout où l'on sent le besoin d'être ou plus démonstratif ou plus compris.

Montpellier, 22 août 1871.

DE L'ORDRE ET DU MODE

DE

DÉCOMPOSITION DE LA LUMIÈRE

PAR LES PRISMES

1. Nous ne dirons pas que notre dernier écrit (n° 4) n'a point été l'objet de quelques objections, mais nous dirons que ces objections, que nous aurons peut-être occasion de rappeler en passant, nous ont paru très-faibles, bien plus faibles surtout que les preuves alléguées par nous. Nous avons pu continuer, en conséquence, à regarder notre théorie comme valable; et de l'opposition qu'on y a faite il ne nous est resté que le sentiment du besoin de la confirmer et de

l'étendre par de nouvelles observations. Afin de permettre alors au lecteur de bien saisir lui-même cette confirmation ou cette extension dont elle est encore susceptible, nous en résumerons les principales données ainsi qu'il suit.

2. L'origine de la décomposition de la lumière n'est point dans la réfraction ni même dans la réflexion en général, mais dans la *réflexion initiale* ou le *choc*.

En raison de l'ébranlement inséparable du choc, il se produit dans la lumière, au moins en raison (sinon toujours de fait), d'abord une première décomposition *formelle*, donnant les deux lumières dites : l'une *ordinaire*, l'autre *extraordinaire*; puis une seconde décomposition *physique* donnant les sept couleurs réputées élémentaires : *rouge, orangée, jaune*, etc.

Les pages 465 et 476 de M. Ganot nous ont appris à distinguer deux sortes de spectres situés, l'un sur la face *antérieure* des prismes abordés par un rayon lumineux, l'autre sur leur face *postérieure* ou au-delà, tels que $r\,v$ d'une part, et $r'\,v'$ ou $r''\,v''$ de l'autre, *fig*. D (reproduite ici pour la commodité du lecteur). Et ces deux spectres, ou l'antérieur et le postérieur, considérés face à face, sont évidemment opposés ou de sens contraire ; mais en tant qu'on imaginerait de passer de r en v, de v en r', de r' en v', etc., le mouvement continu de rotation alors effectué permettrait de

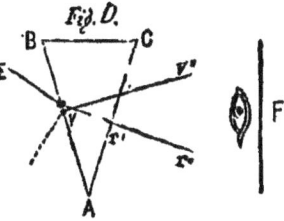

les regarder comme intimement ralliés l'un à l'autre et même comme de même sens. Et d'ailleurs, ils sont bien encore entre eux, comme *primitif* et *dérivé*, puisque le spectre situé sur la face d'entrée précède nécessairement l'autre. Ne formant ainsi relativement qu'un système de couleurs allant de rouge à violet suivant l'ordre croissant des réfrangibilités, ils répondent au mode de gyration appelé *droit*, et ménagent l'immédiate conception d'un système ou mode de gyration inverse appelé *gauche*. Lequel de ces systèmes mérite maintenant, en décomposition *physique*, d'être rapporté, soit à la réflexion, soit à la réfraction, nous n'avons rien appris qui nous le fasse connaître, mais encore moins sommes-nous en droit de penser déjà qu'il se passe quelque chose d'analogue dans l'acte de décomposition *formelle* donnant le jour aux deux lumières O et E.

Supposé que les deux systèmes du sens *droit* ou *gauche* se produisent en décomposition *formelle* comme en décomposition *physique*, il y a manifestement et par là même dans les deux cas aussi *rotation*, puisque, d'après ce que nous venons de dire, la rotation n'est pas autre chose que l'art ou la manière de passer de l'un à l'autre ou de les concilier. Mais d'où les deux modes de décomposition *formelle* et *physique* pourraient-ils mieux tirer ces traits communs de ressemblance, que de la réflexion ou de la réfraction même? Il importe donc de soumettre là-dessus aux mêmes épreuves les deux décompositions physique et formelle, afin de pouvoir en déduire, au moyen de la ressemblance des effets, l'identité des causes.

Il ne saurait être, en définitive, malaisé de s'assurer si, soit les *lumières* apparues, soit les *couleurs* émises, se prêtent, avec une complète indifférence, aux mêmes changements d'ordre et de situation. Si, pour lors, le changement s'est produit par hypothèse *avant* la réfraction et par là même *indépendamment* de cette cause, il est forcément attribuable à la réflexion. S'il survient seulement, au contraire, *pendant* ou *après* la réfraction, il en dépend tout particulièrement. Il importe donc ici, surtout, de se fixer sur le moment précis de l'avènement des *images* ordinaire ou extraordinaire, ou des *couleurs* spectrales, pour apprendre à discerner ainsi, cette fois, la nature des causes par la différence des temps.

3. Réduit à sa plus simple expression, le résumé précédent consiste à dire :

Y a-t-il réellement deux modes de décomposition prismatique *inverses* l'un pour l'autre, ou *droit* et *gauche*, sinon encore *mixte ?*

Y a-t-il également deux positions *inverses* des deux images O et E, alors rangées comme le sont les couleurs spectrales elles-mêmes prises suivant leur ordre tantôt croissant et tantôt décroissant de réfrangibilité ?

Y a-t-il ou n'y a-t-il pas, enfin, parfois *avance* et parfois *retard* dans l'apparition des effets lumineux produits, et, par là même, dans l'intervention des causes efficacement influentes sur la rotation pour la rendre plus rapide ou plus lente ?

La réponse à ces questions doit être affirmative, et l'expérience nous le démontre.

4. Reprenons d'abord en particulier la première des trois questions tout à l'heure indiquée, relative à l'*ordre un* ou *double* des couleurs obtenues en décomposition prismatique.

D'après les physiciens, il n'y a qu'*un* mode actuel ou réel de décomposition *prismatique*, et cet ordre est celui qui consiste dans leur arrangement par degrés *croissants* de réfrangibilité, du rouge au violet. Ce n'est pas à dire pour cela qu'ils n'en reconnaissent un second ; mais ce dernier, inverse au précédent, ils le croient seulement observable en réfraction *cristalline;* ils l'excluent donc systématiquement de la réfraction *prismatique*, et, suivant eux, l'ordre des décompositions prismatiques est rigoureusement un.

Cependant, il est double.

5. Pour le démontrer, nous en appellerons à l'expérience directe. La rotation, avons-nous dit (§ 2), ne fait qu'un système ou mode des deux spectres *antérieur* et *postérieur*, $r\ v$ et $r'\ v'$; mais, de ces deux spectres, l'*antérieur* est le plus important ou le plus décisif, comme *primitif* et base du système. Si donc nous arrivons à démontrer *de visu* que, au lieu d'avoir toujours les couleurs r et v rangées sur la face *antérieure* du prisme comme elles le sont en la figure D, parfois on les y trouve rangées dans un ordre contraire, où les couleurs apparaissent disposées par degrés de réfrangibilité *décroissante*, force nous

sera d'en inférer qu'il existe deux modes de décomposition *prismatique* ou, pour mieux dire désormais, *sur prisme*. Or les couleurs, au lieu d'apparaître toujours rangées comme elles le sont sur la face antérieure AB du prisme ABC (fig. D), se montrent parfois rangées là dans l'ordre inverse. C'est ce dont il est aisé de s'assurer en substituant au mode connu d'opérer (en décomposition prismatique) *avec bande blanche sur fond noir*, celui (non encore indiqué nulle part) d'opérer *avec bande noire sur fond blanc*.

Tout physicien qui voudra bien user de ce dernier procédé verra d'abord, quand la bande noire sera très-étroite, le *rouge* et le *vert* offrir un spectre évidemment inverse; puis, quand la bande noire sera rendue plus large, un spectre entier dont les couleurs plus réfrangibles: *violet, bleu, vert*, remontent vers la base en même temps que les couleurs moins réfrangibles: *rouge, orangé, jaune*, descendent vers le sommet; et enfin, moyennant cette manière de grouper ou de prendre toujours les couleurs trois à trois ou du moins deux à deux, un spectre entier tout différent de celui mentionné par Ganot, p. 476. Il n'y a donc point, finalement, un seul mode, mais deux modes bien accentués de décomposition prismatique.

[S'il nous était permis de dire ici toute notre pensée, nous irions plus loin encore ; et, montrant la réflexion et la réfraction en plein contraste, nous établirions que les couleurs *les plus réfrangibles sont les moins réflexibles*, comme *les plus réflexibles sont les moins réfrangibles*. Les physiciens, il est vrai (Voyez, par exemple, Beudant, *Physique*, § 613; M. Daguin, IV, 182), soutiennent, à la suite de Newton, le contraire, mais bien à tort. Et nous le prouverons quand on voudra.]

6. Étonnés peut-être du fait que nous venons de signaler, les physiciens nous demanderont alors de l'expliquer à notre point de vue, mais il n'entre point dans notre plan, nous ne saurions même actuellement avoir tant soit peu la

pensée d'en rendre immédiatement compte en quelques mots ; nous nous contenterons donc pour le moment d'exposer ce qui doit encore servir à prouver notre thèse, c'est-à-dire l'exclusive subordination originaire de la décomposition prismatique à la réflexion. En effet, en admettant avec les physiciens que tout rayon lumineux tombe indivis sur la surface d'entrée des prismes pour ne s'y décomposer qu'au dedans, et supposé d'ailleurs que le prisme employé soit homogène, on doit admettre, en outre, qu'alors le prisme, rencontré par le rayon incident et n'ayant qu'une façon d'agir sur lui, le décompose ou le modifie toujours également ; c'est pourquoi, sauf toute modification antérieure et tout autant qu'on se borne à considérer la réfraction, un effet une fois produit est un effet perpétuellement reproductible et reproduit ou nécessaire.

Ainsi, n'importe, par exemple, qu'un rayon lumineux provienne de *bande blanche sur fond noir* ou de *bande noire sur fond blanc*, le prisme uniréfringent a-t-il le moindre souci de cette diférence originaire tant qu'elle n'affecte point par hypothèse le rayon incident, et que la réflexion s'abstient de le lui livrer avec des intervalles ou modes préalablement déterminés? Assurément, non.

Ces déterminations ultérieurement possibles doivent être, on le suppose, toutes de son crû; c'est à lui seul à les produire par réfraction. Mais, encore une fois, étant un, il ne doit jamais avoir qu'une seule et même manière d'agir, de réfracter, de diviser. Donc, il doit montrer constamment à la même place ou dans le même ordre les couleurs spectrales sans interversion possible. Or l'expérience, avons-nous dit, dément formellement cette assertion. Donc, puisqu'ici la réfraction est absolument impuissante à rendre raison des faits, il en faut chercher l'explication, ou dans la réflexion même, ou dans les circonstances au milieu desquelles elle se produit, c'est-à-dire le *fait* de la réflexion ou ses *modes* sont le principe immédiat et seul de la décomposition prismatique.

7. La première question du § 3 une fois résolue, passons à la seconde, et parlons de l'inversion atteignant, en décomposition *formelle*, les deux images ou lumières O et E. L'ouvrage qui nous semble le mieux résumer sur ce point l'opinion commune est l'*Introduction à la haute optique*, d'A. Beer (traduction Forthomme).

Après avoir décrit la manière d'obtenir avec des prismes les constantes optiques d'un cristal à un axe, cet Auteur ajoute à la page 243 : « Si, pour les expériences rapportées plus haut, on emploie un prisme de spath d'un petit angle réfringent, on voit dans la lunette, à la place des deux spectres complets, deux images étroites de la fente qui, sur les bords et du même côté, sont colorées de la même manière. [Voyez figures 154 et 155, où l'on a représenté la marche, dans un prisme positif (+) et dans un prisme négatif (—), des rayons réfractés rouge (r) et violet (v), ordinaire (o) et extraordinaire (e)]. »

Dans ce passage, tout ce que l'Auteur dit de la coloration des images O et E *physiquement* décomposées, se rapporte au cas de dé-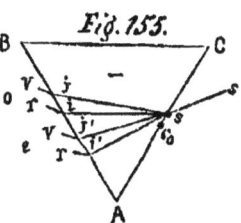
composition prismatique par *bande blanche sur fond noir*; il n'est donc pas étonnant, puisqu'il s'agit ici du même cas en l'une et l'autre expérience, que, soit le quartz, soit le spath, donnent constamment un même spectre, et nommément un spectre *droit*. Mais ce cas étant actuellement connu de nous, nous n'avons pas à nous en occuper davantage; et nous pouvons alors porter notre attention sur ce que le même Auteur dit des images O et E, considérées en elles-mêmes comme réalisées par décomposition *formelle*.

8. A la seule inspection de la figure 1548 ci-contre, le lecteur peut se rappeler qu'elle nous a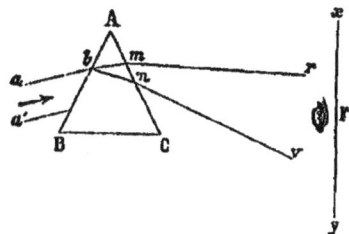

déjà servi, dans le précédent n° 4, à constater comment les physiciens, imbus du préjugé que la réfraction seule produit la décomposition de la lumière dans les prismes, en placent exclusivement l'origine en b; mais, du côté du dedans, et de telle sorte que, ne commençant en b qu'avec la réfraction, elle s'accentue davantage ensuite (à mesure que la réfraction opère), et se poursuit ainsi, de b en m ou n, de m ou n en r ou v, etc. En jetant maintenant les yeux sur les figures 154 et 155, de Beer, on doit reconnaître encore d'inspection que cet Auteur professe la même manière de voir en décomposition *formelle*, puisque, dans les deux cas indifféremment, il place l'origine de la distinction des rayons O et E en s seule. Si pour lors il y a, comme nous l'avons prétendu, faute en décomposition *physique*, à ne la dater que de b (fig. 1548), il y a de même très-probablement faute, en décomposition *formelle*, à ne la dater que de s (fig. 154 et 155). Mais, par la même raison, si nous parvenons à démontrer, sur de nouveaux indices, que l'attribution de la distinction des deux lumières *O* et *E*, à la seule réfraction exercée dans l'intérieur des cristaux, est une fausse hypothèse, la parité nous forcera d'admettre rétroactivement qu'il y avait erreur à faire dépendre, suivant l'opinion commune de la seule réfraction, la décomposition *physique*. Ici, nous nous trouvons donc en présence de deux cas bien distincts et pourtant semblables : la solution à donner de chacun implique donc celle de l'autre, et, sans que le point de vue change essentiellement, on peut dire qu'il se confirme et s'étend.

9. Au nombre des indices propres à démontrer la fausseté de l'opinion commune sur l'origine *réfractée* de la décomposition *formelle*, nous énumérerons en premier lieu la différence de vitesse des rayons *O* et *E*. Cette différence de vitesse est avouée de tous les physiciens, au moins dans le cas des figures 154 et 155, où l'on suppose toujours le rayon lumineux moins dévié de la direction primitive, *plus rapide* que

l'autre, et cela paraît d'ailleurs très-naturel. Car, dès-lors, par exemple, que le rayon E pris dans la figure 155 subit une moindre déviation que le rayon O, la composante du rayon E parallèle à la direction primitive demeure, en lui, relativement supérieure à l'autre composante tendant à l'infléchir, et l'inverse arrive pour le rayon O. Donc, il est réellement convenable d'attribuer alors une plus grande vitesse au rayon E qu'au rayon O. Dans la figure 154, la vitesse du rayon O l'emportera par la même raison sur celle du rayon E. Partant donc de ce fait que, par exemple, en la figure 155, le rayon E arrive plus tôt en i' que le rayon O en i, nous admettons qu'il se produit, sur le côté AB, comme deux petits coups consécutifs, tels que i', i. Cependant, si nous imaginons après cela que, nous mouvant de la ligne AB — mais parallèlement à cette ligne — vers s, nous trouvons, sur chacune des nouvelles lignes parallèles à AB que nous traversons, des points analogues à i' et i, dans lesquels le rayon E continue de se poser plus tôt que le rayon O, nous finirons par trouver les mêmes conditions en s, c'est-à-dire par trouver que là, dès le premier accès de réfraction, le rayon E s'élance plus tôt dans la direction si', que le rayon O dans la direction si. Donc, tandis que le rayon E, *plus tôt*, mais non *plus* dévié que le rayon O, s'élance le premier dans la direction si', le rayon O reste un moment dans l'attente, et subit par là même, un moment de plus, l'influence exclusive de l'impulsion *initiale* qui le pousse (après un petit soulèvement) vers σ_0. De cette manière, nous retrouvons en s et σ_0, comme en i' et i, deux petits coups consécutifs, et, parce que ces deux derniers doivent être antérieurs aux précédents, nous avons d'abord : s, σ_0; puis, i', i. Mais cette suite de points ou de coups non simultanés constitue formellement *rotation*. Donc, de la seule considération des vitesses spéciales attribuées aux rayons O et E, il résulte que, avant tout accès de réfraction, ou dès le premier instant du *choc* du rayon lumineux naturel sur la face d'incidence, un fait de décomposition initiale prélude à tout autre fait analogue ultérieurement plus apparent.

10. Un autre indice maintenant, que les choses se passent comme nous venons de le dire, ou que l'origine de la décomposition *formelle* est bien *réellement* dans la réflexion initiale ou le choc, c'est l'échange ou l'alternation de position entre les deux lumières O et E dans le spath et le quartz. En effet, ainsi que nous avions lieu de le constater tout à l'heure, le rayon E l'emporte en vitesse sur le rayon O dans le spath, le rayon O l'emporte en vitesse sur le rayon E dans le quartz; mais, dans les deux cas, le rayon le plus rapide est toujours le premier atteint par la réfraction; c'est pourquoi l'on peut dire que chacun de ces rayons est tour à tour premier ou dernier selon la nature du cristal employé. Nous ne dirons point, alors, que le rayon le plus rapide ne puisse être censé redevable de sa plus grande vitesse à l'attraction du cristal biréfringent; mais, par la même raison, nous devrons attribuer à la

répulsion du même cristal le retard du rayon moins rapide; et cette répulsion du rayon moins rapide par le cristal respectivement impénétrable ne peut guère être séparée, comme effet ou comme cause, de la réflexion. En conséquence, le même phénomène se rencontre alors en sens inverse en chacun des rayons O ou E: tour à tour attirés ou repoussés, ils alternent ou se balancent entre eux en position ou série. Mais, dans tous les cas, il est indispensable pour cela qu'ils soient disjoints. Or, qu'est-ce qui les disjoint, au sein de la lumière naturelle tout d'abord indivise, si ce n'est la réflexion initiale ou le choc à la surface du milieu biréfringent? Donc la réflexion initiale ou le choc sont bien la cause essentielle radicale de toute décomposition *formelle*.

11. Enfin, comme autre indice démonstratif de la même vérité, nous citerons l'entrecroisement des rayons O et E dans leur ordre inverse de réfraction par le spath et le quartz. Déjà, par le précédent n° 4, nous connaissons ce genre

d'entrecroisement en réfraction spectrale droite par un prisme homogène ou de flint. Là, nous avons en effet établi que, *physiquement* décomposé par un semblable prisme, un rayon naturel se divise en deux rayons extrêmes *rouge* et *violet* ainsi rangés que, si l'on a, par exemple, sur la face d'entrée : *rouge, violet*, on a sur la surface de sortie (la direction du regard ne changeant point): *violet, rouge*, comme on peut le voir fig. *D*, § 2. Or ce que nous avons dit là des couleurs extrêmes *rouge* et *violet*, peut et doit se dire actuellement des deux images formées par les rayons O et E, quand on les obtient, en décomposition *formelle*, au moyen de prismes biréfringents de spath et de quartz. Alors, l'image (O ou E) qui se projette par hypothèse du côté de la *base* du prisme sur *l'écran* récepteur, est au contraire aperçu du côté du *sommet* par *l'œil* en vision directe, ou *vice versâ*. Cet entrecroisement fort remarquable des deux rayons polarisés étant maintenant commun aux deux modes de décomposition et *physique* et *formelle*, est par là même un fait général, impliquant un principe général aussi. Quel sera donc ce principe? Sera-ce une action physiologique de l'œil, comme on l'a prétendu? Non assurément, car, générale, cette action physiologique de l'œil devrait tout renverser: couleurs, images, prismes; et d'ailleurs, elle devrait renverser également, indépendamment de la nature des prismes employés, dont l'espèce devrait être sans influence sur sa propre fonction, ce qui n'est point. Sera-ce, ensuite, un *entrecroisement virtuel* des rayons réfractés aboutissant à l'œil, avant leur arrivée dans cet organe? Pas davantage; car la moindre notion des lois de l'Optique suffit à reconnaitre qu'un pareil effet ne saurait être. Il ne reste donc point d'autre explication à donner que la double apparition même, inverse, des deux couleurs extrêmes ou des deux images polarisées, sur les faces soit d'entrée soit de sortie des prismes; c'est-à-dire que la reconnaissance du dédoublement *physique* ou *formel* de la lumière naturelle, par voie de réflexion, sur la face même d'entrée.

12. Au sujet des expériences fondamentales précédentes tout à fait inédites, nous n'avons qu'un désir : c'est de voir les physiciens opposants les vérifier, pour en constater l'exactitude. Mais, relativement aux expériences suivantes, il en est autrement ; les physiciens les ont faites et les répètent tous les jours ; il leur manque seulement de savoir les comprendre.

Ces nouvelles expériences roulent, au reste, sur le fond même de la question qui nous occupe, c'est-à-dire, sur la réflexion en elle-même, et doivent ainsi montrer aussi clairement que le jour, non-seulement que la réflexion initiale, réductible (comme l'on sait) au choc, décompose, mais encore comment elle le fait.

13. Dans l'acte de *réflexion* pris en lui-même et, par suite, avant tous autres actes de réfraction qui peuvent l'accompagner, il y a deux choses particulièrement remarquables, à savoir : la *succession* ou la *simultanéité* des deux rayons O et E émis en décomposition *formelle* ; et de là vient qu'alors

il peut être question d'espace et de temps sous les formes d'*écart* ou de *phase*. Quand, en effet, un acte de polarisation par simple réflexion se produit, tantôt une seule des images O et E apparaît, auquel cas elles diffèrent par le temps d'apparition ou la *phase*; tantôt elles apparaissent à la fois, mais en des lieux différents; c'est pourquoi l'on dit alors qu'elles diffèrent par le lieu d'apparition, ou par *écart*. S'il arrive que les deux images O et E diffèrent par la *phase*, on dit encore que l'une d'elles est en *avance* ou *retard* sur l'autre; mais, s'il arrive qu'elles apparaissent en deux *lieux* distincts, on remarque particulièrement qu'alors l'une d'elles est en général plus ou moins *centrale* que l'autre, situation qui peut d'ailleurs facilement s'intervertir.

Tenant compte des deux notions de *phase* et d'*écart*, et comparant sous ce double rapport les deux lumières O et E l'une à l'autre, nous les trouvons ou *pleinement* ou *partiellement* exclusives. Pleinement exclusives, elle diffèrent à la fois de temps et de lieu ; partiellement exclusives, ou elle occupent en même temps deux lieux distincts, ou elles occupent en deux temps consécutifs le même lieu. Les deux images O et E subsistant dans le même temps en deux lieux distincts, nous les dirons, avec leur différence actuelle de fond et de forme, *situées sur le même premier plan*. Les deux images O et E se succédant au contraire dans le même lieu, nous les dirons, dans leur différence de fond, *échangeables de forme*.

14. Des deux caractères de la lumière polarisée nommés *écart* et *phase*, la polarisation par *réflexion* n'émet jamais les deux ensemble; la *phase* est alors le premier apparent, et l'écart le second. Pour le démontrer, nous constaterons d'abord que dans la polarisation par simple réflexion on n'a *de fait* qu'une lumière.

Soit, ici, pris pour instrument d'expérimentation l'appareil de Norremberg. Si, le surmontant d'un prisme biréfringent bien certainement capable d'accuser (en cas de coexistence) la présence simultanée des deux lumières O et E, nous disposons en outre le miroir réflecteur de l'appareil sous l'angle de polarisation, nous reconnaissons aussitôt que, la section principale du prisme biréfringent étant parallèle au plan d'incidence, le lieu de l'image *ordinaire* est seul éclairé ; que, au contraire, la section principale du prisme biréfringent devenant normale au plan d'incidence, le lieu de l'image *extraordinaire* s'illumine seul à son tour. Quelle que soit la disposition de la section principale du prisme biréfringent par rapport au plan d'incidence, une seule image est donc constamment, dans les deux plans principaux, apparente en son lieu particulier. Donc elles sont bien à cet égard, en *réflexion*, exclusives.

Mais, comme nous l'avons déjà dit, le caractère de *phase* éclate avant celui d'*écart*. En effet, pour constater la *non-coexistence* de l'une des lumières en présence de l'autre, il n'est nécessaire de faire aucun mouvement, il suffit de regarder. Au contraire, pour s'assurer que le lieu d'une lumière n'est point le lieu de l'autre, ou qu'elles demandent à se poser à part, il faut passer de la position *parallèle* à la *normale*, ou de la *normale* à la parallèle, et par conséquent effectuer un mouvement, essayer de deux positions, employer enfin deux temps. Or un temps est évidemment avant deux. Donc le caratère de phase éclate avant celui d'écart.

15. Où se trouve maintenant, tandis qu'une lumière apparaît, la lumière qui n'apparaît point? Ou bien comment, tandis qu'une lumière brille, l'autre persiste-t-elle à s'éclipser? Est-ce que par hasard cet écart ou cette éclipse dépendraient du prisme biréfringent? Gardons-nous bien d'adopter précipitamment ici cette opinion; car il existe un autre fait analogue, mais pourtant contraire, éminemment propre à nous éclairer à cet égard : nous voulons parler de l'expérience de Monge.

Il suffit, comme on sait (n° 5), de placer, soit un spath naturel, soit un prisme biréfringent de spath, sur un point noir, bleu, rouge, etc., pour le voir aussitôt double et donnant à la fois deux images (*O* et *E*) sensiblement aussi vives ou colorées l'une que l'autre. Cependant, dans notre théorie, ce dédoublement est encore un effet de réflexion. Comment se fait-il, alors, que le prisme biréfringent, recevant le rayonnement *naturel* d'un point, en offre (par réflexion) deux images, quand le même prisme biréfringent, recevant un rayonnement *issu de réflexion*, n'en offre jamais dans le même temps qu'une, quoiqu'il y en ait pourtant deux en deux temps ou deux lieux distincts? La réponse à cette question nous sera fournie par les circonstances mêmes des deux faits considérés. Quand le prisme biréfringent reçoit sur lui-même le rayonnement *naturel* d'un point noir, bleu, rouge, etc., il n'en est pas plus tôt atteint que la réflexion le décompose à la surface d'incidence. Mais, d'abord, il y a la *deux* lumières présentes, savoir : les deux lumières *O* et *E*, décomposées. Puis, au moment même où la réflexion cherche à se prévaloir du choc, la réfraction est aussi là (dans le prisme) pour lui en contester le résultat. Donc, après le premier ébranlement dissolvant du rayon, si la réflexion peut suspendre un moment l'entrée de l'une des lumières, la réfraction, aussi rapidemment appliquée, peut hâtivement de son côté soutirer l'autre, en attendant que la première, hésitante, entre à son tour. Au contraire, dans la polarisation *par simple réflexion* précédemment mentionnée (§ 14), le prisme biréfringent n'assiste point à la décomposition des deux lumières ; la séparation s'en accomplit donc avant qu'il puisse intervenir ; et, quand il intervient alors après les faits accomplis, l'effet de sa présence qui, par hypothèse, eût suffi pour prévenir l'absolue prépondérance d'une lumière sur l'autre, ne suffisant plus à l'annuler, il n'en peut plus forcément accuser qu'une.

16. Toutefois, ce que nous venons de dire en réponse à la dernière question soulevée concernant les deux cas de *réflexion compliquée de réfraction* et de *réflexion simple*, ne répond point

parfaitement à la question élevée dès le début du
§ précédent, sur le temps et le lieu virtuels de la
lumière absente. Car nous avons admis déjà que
cette distinction de temps et de lieu, ne pouvant
provenir du prisme biréfringent, avait nécessairement sa raison d'être ailleurs. Où peut être alors
cette raison? Nous ne croyons pas nous tromper
en disant qu'alors la lumière non apparente,
quoique *foncièrement* réalisée, ne l'est point
formellement, et subsiste encore, par conséquent, à l'état de germe, au sein ou sur la périphérie de l'autre lumière apparente, sa génératrice. En effet, chose remarquable et facile à
vérifier, lors même que, passant, par exemple,
de la disposition du prisme *parallèle au plan
d'incidence* à la disposition *normale à ce même
plan*, on détermine la transition de l'image O à
l'image E, ces deux images, successivement apparues et bien distinctes *au fond* l'une de l'autre
(puisqu'elles doivent différer à la fois de temps
et de lieu), ne diffèrent point encore de forme.
On n'a, pour s'en convaincre, qu'à les étudier à

l'aide d'un nicol; car on reconnaît, en expérimentant avec ce polariscope, comme nous l'indiquerons incessamment (§ 17), qu'elles effectuent d'abord semblablement leurs vibrations dans un même plan transversal. Or deux lumières, très-différentes d'ailleurs au fond[1], qui vibrent dans le même plan, ont en cela même forme. Donc, quand un cas de polarisation par simple réflexion se produit, il n'y a jamais là qu'une première émission implicite, imparfaite ou brute de l'une des images (l'image E) dans l'autre image respectivement primitive (O); et, pour achever ou compléter l'émission, il faut que, à la faveur d'une reprise ou d'un nouveau temps et d'un nouveau lieu, l'image inachevée, subsistant jusqu'à cette heure à l'état de germe, d'ébauche, d'embryon, passe à l'état extra-utérin, parfait ou personnel.

---

[1] Nous entendons ici par *différence de fond* la *tendance réelle*, originairement propre aux deux lumières, *à vibrer dans des plans respectivement rectangulaires*, bien que cette tendance puisse n'être pas toujours traduite en acte.

Mais, enfin, qu'est-ce qui projette la lumière *E* hors de la lumière *O*, et lui donne ainsi, comme de seconde main, dans le temps et l'espace, la place à part qu'elle n'obtient point du premier coup? Ce qui projette ainsi séparément dans l'espace et le temps la lumière *E*, c'est : ou une *réflexion* plus énergique, continuant l'effet à peine ébauché de la première ; ou une *réfraction* aussi vive, opérant (par entraînement au dehors) le même effet absolu d'expulsion qu'une forte réflexion eût produit. Deux expériences décisives le démontrent.

17. D'abord, que, substituant la réflexion sur *métal* à la réflexion sur *verre*, on reçoive sur une lame de platine le rayon réfléchi déjà par une lame de verre en l'appareil de Norremberg : on doit se sentir forcé d'admettre incontinent, sinon une immédiate et complète identité de *direction* entre les deux lumières *O* et *E*, du moins une vraie communauté de *plan de vibration* entre elles; car, s'aidant d'un nicol, on trouve

que le moment de plus grand éclat pour chacune coïncide exactement avec celui dans lequel la section principale du nicol est ou reste dans le plan normal[1]. Or, dans les mêmes circonstances, la plaque de verre noir employée comme polariscope n'accuse jamais qu'une lumière. La réflexion sur verre est donc plus molle ou plus faible que

---

[1] Qu'on veuille bien ici remarquer comment, au moment de la réflexion sur la lame de platine, la direction de propagation devient, en l'appareil de Norremberg, de verticale, horizontale. Alors, la vibration O qui s'effectue (comme l'on sait) dans le *plan normal*, reste naturellement dans la même situation qu'avant le repliement du rayon dans le *plan d'incidence*. Mais la vibration E, supposé (comme nous l'admettons) qu'elle s'effectue d'abord également dans le plan normal, ne peut voir le rayon se replier horizontalement sur la lame de platine après 90° de rotation sans devenir elle même, d'horizontale, verticale. Elle cesse donc alors d'être parallèle en *direction* à la vibration O; mais elle n'en continue pas moins de vibrer encore dans son *plan*, ce qu'il fallait prouver et qui se trouve d'ailleurs conforme à l'expérience.

Cet état dans lequel les deux lumières sont *excentriques* et *parallèles* est, pour nous, l'*Androgynisme*. Avant lui se place alors, l'*Hermaphroditisme*, dans lequel les deux lumières sont *concentriques* et *rectangulaires*; et après lui vient le *sexualisme individuel*, dans lequel elles sont *bi-centriques* et *divergentes*, comme dans les bi-axes.

la réflexion sur métal ; et, comme plus énergique ou plus vive, cette dernière peut ainsi continuer et compléter l'émission de la lumière E, déjà conçue, mais non produite ou non distincte encore.

Ensuite, que, remplaçant semblablement et de nouveau le polariscope de platine par un prisme biréfringent de spath, on reçoive en ce dernier le rayon naturel déjà polarisé par réflexion imparfaite sur une lame de verre : il suffira, dans ce cas, de disposer la section principale du prisme biréfringent normalement au plan d'incidence, pour que, éprouvant aussitôt une sorte d'entraînement irrésistible, la lumière E y tombe ou s'y précipite comme dans un lit où, désormais, elle s'affirme, sinon dans toute son originalité, du moins avec la distinction que la seule différence de lieu suffit à révéler.

Par là, nous comprenons donc ce qui fait défaut à la réflexion *initiale*, d'où nous persistons à vouloir dériver toute décomposition et *formelle* et *physique* de lumière. Dans le choc qu'elle implique, cette réflexion à peine naissante communique au rayon naturel un double ébranlement intrinsèque qui disjoint les lumières intégrantes O et E et les pose réellement à part, mais encore sans distinction objective de lieux ni de temps. La lumière E *commence* donc, alors, seulemen t à se distinguer de la lumière O, dont elle ne se sépare point réellement, sensiblement. Et pour l'en séparer réellement ou pour compléter la distinction commencée, que reste-t-il à faire ? Il faut en opérer l'expulsion : ou par un *accroissement* de la réflexion *initiale*, qui, poussant du dedans au dehors, achève l'émission ; ou par un acte aussi puissant d'*attraction* externe, tel qu'en peut opérer la réfraction. Ainsi, soit la réflexion, soit la réfraction, sont aptes à *consommer* l'effet de la réflexion *initiale* ; mais celle-ci seule est vraiment le principe ou l'auteur de la distinction réelle de lumière, qu'il leur est donné d'aggraver ou de manifester plus tard.

18. Appliquons maintenant à la décomposition

physique le même procédé d'analyse (tiré de la différence entre les *premiers mouvements* et les *mouvements continus*), que nous venons d'appliquer à la décomposition *formelle*, et nous arriverons au même résultat.

Il est certain et l'on admet unanimement que les corps matériels réfléchissent tous les rayons (colorés) qu'ils n'admettent pas dans leur sein. Mais, par la même raison, on peut et doit dire inversement qu'ils admettent dans leur sein tous les rayons (colorés) qu'ils ne réfléchissent pas. Il reste donc seulement à savoir, alors, lequel des deux actes d'admission ou de réflexion a la priorité sur l'autre.

Peut-on dire, d'abord, que l'admission passe avant la réflexion? Pour mieux répondre à cette question, examinons-la de plus près. Manifestement, l'admission en *acte et continuité* d'exercice présuppose, en cas d'application imparfaite ou partielle, le démêlement des rayons lumineux accompli à son *début*. Car, supposé qu'il ne fût point déjà réalisé, l'admission intervenant s'approprierait indistinctement tous les rayons ; et l'on n'en aurait point de réfléchis. Or cela n'est pas, et l'on remarque qu'en général, à des rayons réfractés *rouge, orangé, jaune*, correspondent en réflexion les rayons complémentaires *vert, bleu, violet.* Donc le démêlement des rayons est antérieur à l'admission en exercice ou en acte.

Maintenant, qu'est-ce qui fait le démêlement antérieur à l'admission ? C'est : ou la réflexion simplement *initiale*, d'une part ; ou la réflexion ainsi que la réfraction *continuées*, de l'autre. Or ce ne peut être aucunement la réflexion ni la réfraction mêmes dans leur cours *continué* d'application. En effet, si la réflexion en cours d'application était le vrai principe de la décomposition, il n'y aurait de décomposition qu'en réflexion, ou bien tous les rayons décomposés seraient des rayons réfléchis. Si le vrai principe de la décomposition physique était de même, en la réfraction continuée, tous les rayons décomposés seraient des rayons réfractés. Or cela n'est pas. Donc la décomposition est un effet antérieur aux actes continués, et d'ailleurs contraires entre eux, de réflexion et de réfraction, ou bien un effet de *réflexion initiale*; et voici comment.

Quand un faisceau de lumière naturelle tombe sur un corps plus ou moins diaphane, les rayons intégrants, subitement dégagés par hypothèse (dans le choc sur sa surface) de leur première étreinte, prennent aussi subitement, les uns ou les autres, en raison, soit du mode d'incidence, soit du degré de résistance, une route différente, ceux dont le premier mouvement est de se réfléchir subissant une réfraction plus grande, et ceux dont le premier mouvement serait de se réfracter subissant une plus grande réflexion[1]. Mais, pour la manifestation de cette prédisposition subjective des rayons, soit à se réfléchir, soit à se réfracter séparément, il faut l'intervention momentanée de cet *arrêt* que tout choc occasionne, et qui ne peut jamais manquer à la *réflexion initiale*, tant dans les rayons, surpris de l'arrêt, qui le sur-

---

[1] Toujours, plus on résiste à la force, plus on est forcé ; moins on y résiste, plus on *file doux*.

montent, que dans ceux, trop ardents à s'y livrer, qui n'y peuvent tenir. Donc, avant toute réflexion et réfraction *actuelles*, il existe *un suprême moment de réflexion initiale, antérieur à toutes leurs divergences de sens,* que son intervention a moins, alors, pour objet d'exclure ou d'empêcher, que de provoquer et de mettre à jour.

19. Ainsi, partant du principe, éminemment simple en lui-même, de la décomposition par *réflexion initiale,* nous avons pu nous rendre exactement compte de la manière dont la lumière se divise, *physiquement*, en *éléments*, et *formellement*, en *espèces* ; nous avons pu comprendre également comment ses deux espèces semblent différer d'*âge* dans le temps et de *position* dans l'espace ; nous avons pu découvrir, enfin, jusqu'à la raison de ses différentes fonctions dans les cristaux, tels que le spath et le quartz, dans lesquels la *répulsion* ou *l'attraction* dominent tour à tour. Qu'on interroge sur les mêmes questions les physiciens, et

l'on verra s'ils ont jamais entrevu seulement la *possibilité* de se les poser et d'y répondre !..

20. On croit généralement pouvoir faire de la science avec des *observations* et des *calculs* ; et cependant, bien que ces deux moyens scientifiques ne soient pas à dédaigner, ils sont loin d'y suffire : avant toutes observations et tous calculs, ce qu'il importe surtout d'avoir, ce sont des *idées* bonnes, solides et rationnelles. Avec des idées convenables, simples, élémentaires, on a comme une semence féconde dont on pourra faire sortir, par l'observation et le calcul, des résultats inespérés. Mais l'observation seule échoue journellement contre le sophisme : *post* ou *cum hoc, ergo propter hoc;* car tous les jours on prend pour les véritables causes des phénomènes, des choses qui ne font que les précéder ou les accompagner. Et, de même, les mathématiques seules ne sont souvent, en l'absence de bonnes et solides raisons, qu'un palliatif d'ignorance et de légèreté ; puisqu'on ne saurait en nier finalement le rôle

exclusivement instrumental et par là même superficiel. La vraie science n'est point celle des faits, ni celle des formes, mais celle des *idées* ou des *principes* absolus ; et cette science là, qui ne s'acquiert ni par l'observation ni par le calcul, se trouve alors dans la philosophie, supposé d'ailleurs que la philosophie dont on fait profession soit ce qu'elle doit être.

www.ingramcontent.com/pod-product-compliance
Lightning Source LLC
Chambersburg PA
CBHW070709050426
42451CB00008B/571